Ulrich Renz · Marc Robitzky

جنگلی ہنس

قوهای وحشی

پریوں کی کہانی ہینس کرسٹن اینڈرسن سے ماخوذ دولسانی بچوں کی تصویری کتاب

ترجمہ:

Laila Youssuf (اردو)

Jahan Mortezai (فارسی)

آڈیو بوک اور ویڈیو:

www.sefa-bilingual.com/bonus

مفت رسائی کے لیے پاس ورڈ:

اردو: **Sorry, audio or video is not yet available in this language.**

فارسی: **WSFA1510**

We are currently working on making as many of our bilingual books as possible available to you as audio books and videos. We kindly ask for your patience if there is no audio or video version in your language yet! You can keep up with the progress of our work on our website: www.sefa-bilingual.com/languages

ایک دفعہ کا ذکر ہے، دور کسی دیس میں، ایک خوبصورت شاہی محل میں گیارہ شہزادے اور ان کی بڑی بہن شہزادی ایلیسا ہنسی خوشی رہا کرتے تھے۔

یکی بود، یکی نبود. همه بودند و هیچ کس نبود.

روزی روزگاری دوازده شاهزاده بودند، یازده برادر و یک خواهر بزرگتر به اسم الیزه. آنها خوشبخت در قصر باشکوهی زندگی می‌کردند.

کچھ عرصے بعد ان کی ماں کا انتقال ہو گیا اور بادشاہ نے دوسری شادی کر لی۔ بادشاہ کی دوسری بیوی ایک ظالم جادوگرنی تھی۔ اس نے اپنے جادو کے زور سے سارے شہزادوں کو ہنس بنا دیا اوران کو گھنے جنگل کے پار دوسرے دیس بھیج دیا۔

روزی از روزها مادرشان از دنیا رفت و مدتی بعد پادشاه دوباره ازدواج کرد. همسر جدید پادشاه اما جادوگر بدجنسی بود. او یازده شاهزاده را با جادو به شکل قو در آورد و به جایی دوردست فرستاد، به سرزمینی نا آشنا آنسوی جنگل‌های انبوه.

او لباس‌های ژنده ای بر تن دخترک کرد و صورتش را با روغنی چنان زشت کرد که حتا پدرش هم او را نشناخت و از قصر بیرونش کرد. الیزه به جنگل تاریک گریخت.

جادوگرنی نے شہزادی کو پھٹے پرانے کپڑے پہنائے اور اس کے چہرے پر ایک ایسا مرہم لگا دیا جس سے اس کا چہرہ اتنا بد صورت ہو گیا کہ بادشاہ بھی اپنی بیٹی کو نہیں پہچان پایا اور پھر اس کو محل سے باہر نکال دیا۔ شہزادی جنگل میں چلی جاتی ہے۔

اکنون او تنهای تنها بود و دلتنگی وغم زیادی برای دیدار برادران گمشده اش داشت. غروب که فرا رسید، زیر درخت‌ها برای خودش بستری از خزه ساخت.

اب شہزادی گھنے جنگل میں بالکل تنہا تھی اور اپنے بچھڑے ہوئے بھائیوں کو شدت سے یاد کر رہی تھی۔ شام ڈھلتے ہی شہزادی نے کائی کے پودے سے درختوں کے نیچے اپنے لیے ایک بستر بنا لیا۔

صبح روز بعد کنار برکه ای که رسید،
ازدیدن چهره خود در آب وحشت زده شد.
اما بعد از شستن خودش، دوباره زیباترین
شاهزاده خانمی شد که خورشید تا بحال
دیده بود.

اگلی صبح شہزادی ایک پر سکون جھیل
کے پاس جاتی ہے اور پانی میں اپنا
عکس دیکھ کر حیران رہ جاتی ہے. لیکن
جب وہ جھیل کے پانی سے نہا کے نکلتی
ہے تو وہ اس دنیا کی سب سے
خوبصورت شہزادی بن جاتی ہے۔

بعد از چندین روز الیزه به دریای پهناوری رسید. روی امواج، یازده پرقو مثل آلاکلنگ بالا و پایین می‌رفتند.

کچھ دنوں کے بعد شہزادی ایک بڑے سمندر کے کنارے تک پہنچ جاتی ہے۔ سمندر کی لہروں پر شہزادی کو ہنس پرندے کے گیارہ پر اوپر نیچے حرکت کرتے نظر آتے ہیں۔

سورج ڈوبتے ہی، ہوا میں ایک سرسراہٹ سی پیدا ہوئی اور گیارہ جنگلی ہنس دریا کے کنارے پہ اترے۔ شہزادی ایلیسا جادو کے سحر سے ہنس پرندے میں تبدیل اپنے بھائیوں کو فوراً پہچان جاتی ہے۔ لیکن ان کی زبان وہ نہیں سمجھ پاتی ہے۔

خورشید که غروب کرد، زمزمه ای در هوا پیچید و یازده قوی وحشی روی آب فرود آمدند. الیزه بی درنگ برادران جادو شده اش را شناخت. اما چون آنها به زبان قوها صحبت می‌کردند، او نمی‌توانست حرفهای آنها را بفهمد.

دن کی روشنی میں ہنس اڑ جایا کرتے اور رات میں تمام بہن بھائی غار میں جمع ہو کے ایک دوسرے کے ساتھ ہم آغوش ہوجاتے۔

ایک رات شہزادی ایلیسا ایک عجیب خواب دیکھتی ہے۔ جس میں اس کی ماں شہزادوں کو بچانے کا طریقہ بتاتی ہے۔ شہزادی کی ماں اس کو ایک کے خاردار پودےکے پتوں سے، اپنے تمام بھائیوں کے لئے ایک خاص قسم ایک قمیض بن کے ان کے اوپر ڈالنےکا کہتی ہے۔ ساتھ اس بات کی تلقین کرتی ہے کہ اس کے بارے میں کسی کو علم نہ ہو ورنہ اس کے تمام بھائی زندہ نہیں رہیں گے۔
شہزادی فوراً اپنا کام شروع کر دیتی ہے، پودوں کے کانٹوں کی چبھن سے اس کے ہاتھ بری طرح جل رہے ہوتے ہیں لیکن وہ پھر بھی اپنا کام دلجمعی سے جاری رکھتی ہے۔

در طول روز قوها به پرواز در می آمدند و شبها را کنار خواهرشان در غاری بسر می‌بردند.

شبی الیزه خواب عجیبی دید: مادرش به او گفت که چگونه می تواند برادرانش را نجات بدهد. او می‌بایستی از گزنه برای هر یک از قوها پیراهنی ببافد و روی تک تک آنها بیندازد. در این مدت اما او نباید حتا یک کلمه حرف بزند، وگرنه این باعث مرگ آنها خواهد شد.
الیزه بی درنگ شروع به کار کرد. هرچند دستانش چون آتش می‌سوختند، اما او همچنان خستگی ناپذیر می‌بافت.

روزی از در دوردست‌ها آواز شیپور
شکار می‌آمد. شهزاده ای با همراهانش
سوار بر اسب آمد و کمی بعد مقابل او
ایستاد. لحظه ای آن دو در چشمان یکدیگر
خیره شدند و یک دل نه صد دل عاشق
یکدیگر شدند.

پھر ایک دن شہزادی کو شکاری بارہ
سینگوں کے قدموں کی چاپ سنائی دیتی
ہے۔ وہ دیکھتی ہے کہ ایک شہزادہ اپنے
قافلے کے ہمراہ اس کی جانب بڑھ رہا
ہے۔ قریب پہنچنے پر جب وہ ایک
دوسرے کی آنکھوں میں دیکھتے ہیں تو
ان کو پیار ہو جاتا ہے۔

شاهزاده الیزه را بر اسب خود نشاند و با
هم به سوی قصرش تاختند.

شہزادہ شہزادی کو گھوڑے پہ بٹھا کے
اپنے ساتھ محل لے جاتا ہے۔

خزانه دار مقتدر از آمدن زیباروی
بی زبان خوشحال نبود. چون قرار بود
دختر خودش عروس شاهزاده شود.

شاہی وزیر گونگی حسینہ کی محل میں
آمد سے بہت نا خوش ہوا کیونکہ وہ چاہتا
تھا کہ اس کی بیٹی کی شادی شہزادے
کے ساتھ ہو۔

الیزه برادرانش را فراموش نکرده بود. هر غروب بافتن پیراهن‌ها را ادامه می داد. شبی به مقصد قبرستان بیرون رفت که گزنه‌های تازه بیاورد. درحالیکه خزانه دار مخفیانه او را تعقیب می‌کرد.

محل میں رہتے ہوئے بھی شہزادی اپنے بھائیوں کو نہیں بھولی تھی۔ روزانہ شام ڈھلتے ہی وہ اپنے بھائیوں کی قمیضوں کا بقیہ کام جاری رکھتی۔ ایک رات وہ قبرستان سے اپنا مطلوبہ خاردار پودا لینے جاتی ہے اسی اثناء میں وزیر شہزادی کوخفیہ طور پر پودا لے جاتے ہوئے دیکھ لیتا ہے۔

زمانی که شاهزاده برای شکار بیرون رفته بود، خزانه دار دستورداد که الیزه را در سیاهچال بیاندازند. او ادعا می کرد، الیزه جادوگری است که شبها با جادوگرهای دیگر دیدار میکند.

وزیر شہزادی پہ الزام لگاتا ہے کہ وہ ایک جادوگرنی ہے اور رات میں دوسری جادوگرنیوں کے ساتھ ملتی ہے۔ جیسے ہی شہزادہ شکار کے لئے نکلتا ہے وزیر شہزادی کو قید خانے میں بند کر دیتا ہے۔

صبح ہوتے ہی سپاہی شہزادی کو مرکزی
بازار لے جانے کے لئے آجاتے ہیں،
جہاں پہ اس کو جلا کے مارا جانا تھا۔

سحرگاه الیزه توسط نگهبانان آورده شد. او
می‌بایستی در میدان شهر سوزانده شود.

جیسے ہی شہزادی وہاں پہنچتی ہے، اچانک ہی گیارہ سفید ہنس اڑتے ہوئے آتے ہیں۔ شہزادی جلدی سے ہر ایک پر ایک قمیض اچھال دیتی ہے۔ فوراََ ہی گیارہ ہنس انسانی شکل میں سامنے آکے کھڑے ہو گئے - صرف سب سے چھوٹے بھائی کے بازو کی جگہ پر رہ گیا کیونکہ اس کی قمیض کا بازو شہزادی پورا بن نہیں پائی تھی۔

او هنوز به آنجا نرسیده بود که یازده قوی سفید پروازکنان سررسیدند. الیزه بی درنگ روی هر یک لباسی از گزنه انداخت. لحظه ای بعد برادرانش به شکل آدم مقابلش ایستادند. تنها برادر کوچکتر که لباسش کامل بافته نشده بود، بجای یک دست یک بال را هنوز حفظ کرده بود.

تمام بہن بھائی ایک دوسرے کو گلے لگارہے تھے اور خوب پیارکر رہے تھے کہ اتنی ہی دیر میں شہزادہ واپس آگیا۔ آخرکار شہزادی نے شہزادے کو ساری حقیقت بیان کر دی۔ شہزادے نے وزیر کو قید خانے بھجوادیا اور پھر دھوم دھام سے ان دونوں کی شادی ہوئی، جس کی تقریبات سات دن تک جاری رہیں۔

اور پھر وہ سب ہنسی خوشی رہنے لگے۔

روبوسی و دلداری خواهر و برادران هنوز تمام نشده بود که شاهزاده بازگشت. و اینجا بود که الیزه بالاخره توانست کل ماجرا را برایش توضیح دهد. شاهزاده دستور داد خزانه‌دار بدذات را به سیاهچال بیندازند. سپس هفت شبانه روز به جشن و پایکوبی عروسی پرداختند.

و اگر عمرشان بسر نرسیده باشد، هنوز به خوبی و خوشی زندگی می‌کنند.

NCCER Curricula

NCCER's training programs comprise more than 80 construction, maintenance, pipeline, and utility areas and include skills assessments, safety training, and management education.

Boilermaking
Cabinetmaking
Carpentry
Concrete Finishing
Construction Craft Laborer
Construction Technology
Core Curriculum:
  Introductory Craft Skills
Drywall
Electrical
Electronic Systems Technician
Heating, Ventilating, and
  Air Conditioning
Heavy Equipment Operations
Highway/Heavy Construction
Hydroblasting
Industrial Coating and Lining
  Application Specialist
Industrial Maintenance
  Electrical and Instrumentation
  Technician
Industrial Maintenance
  Mechanic
Instrumentation
Insulating
Ironworking
Masonry
Millwright
Mobile Crane Operations
Painting
Painting, Industrial
Pipefitting
Pipelayer
Plumbing
Reinforcing Ironwork
Rigging
Scaffolding
Sheet Metal
Signal Person
Site Layout
Sprinkler Fitting
Tower Crane Operator
Welding

Green/Sustainable Construction

Building Auditor
Fundamentals of Weatherization
Introduction to Weatherization
Sustainable Construction
  Supervisor
Weatherization Crew Chief
Weatherization Technician
Your Role in the Green
  Environment

Energy

Alternative Energy
Introduction to the Power
  Industry
Introduction to Solar
  Photovoltaics
Introduction to Wind Energy
Power Industry Fundamentals
Power Generation Maintenance
  Electrician
Power Generation I&C
  Maintenance Technician
Power Generation Maintenance
  Mechanic
Power Line Worker
Power Line Worker: Distribution
Power Line Worker: Substation
Power Line Worker:
  Transmission
Solar Photovoltaic Systems
  Installer
Wind Turbine Maintenance
  Technician

Pipeline

Control Center Operations,
  Liquid
Corrosion Control
Electrical and Instrumentation
Field Operations, Liquid
Field Operations, Gas
Maintenance
Mechanical

Safety

Field Safety
Safety Orientation
Safety Technology

Management

Fundamentals of Crew
  Leadership
Project Management
Project Supervision

Supplemental Titles

Applied Construction Math
Careers in Construction
Tools for Success

Spanish Translations

Basic Rigging
  (Principios Básicos de
  Maniobras)
Carpentry Fundamentals
  (Introducción a la
  Carpintería, Nivel Uno)
Carpentry Forms
  (Formas para Carpintería,
  Nivel Trés)
Concrete Finishing, Level One
  (Acabado de Concreto,
  Nivel Uno)
Core Curriculum:
  Introductory Craft Skills
  (Currículo Básico:
  Habilidades Introductorias del
  Oficio)
Drywall, Level One
  (Paneles de Yeso, Nivel Uno)
Electrical, Level One
  (Electricidad, Nivel Uno)
Field Safety
  (Seguridad de Campo)
Insulating, Level One
  (Aislamiento, Nivel Uno)
Ironworking, Level One
  (Herrería, Nivel Uno)
Masonry, Level One
  (Albañilería, Nivel Uno)
Pipefitting, Level One
  (Instalación de Tubería
  Industrial, Nivel Uno)
Reinforcing Ironwork, Level One
  (Herreria de Refuerzo,
  Nivel Uno)
Safety Orientation
  (Orientación de Seguridad)
Scaffolding
  (Andamios)
Sprinkler Fitting, Level One
  (Instalación de Rociadores,
  Nivel Uno)

لهانز كريستيان اندرسن

Hans Christian Andersen was born in the Danish city of Odense in 1805, and died in 1875 in Copenhagen. He gained world fame with his literary fairy-tales such as „The Little Mermaid“, „The Emperor’s New Clothes“ and „The Ugly Duckling“. The tale at hand, „The Wild Swans“, was first published in 1838. It has been translated into more than one hundred languages and adapted for a wide range of media including theater, film and musical.

Do you like drawing?

Here are the pictures from the story to color in:

www.sefa-bilingual.com/coloring

For ages 2 and up ♥

ٹم سو نہیں پا رہا۔ اس کا ننھا بھیڑیا کھو گیا ہے! شاید وہ اسے باہر بھول گیا ہے؟ ٹم رات کو اکیلا ہی اس کو ڈھونڈ نے نکلا۔ اور غیر متوقع طور پر کچھ دوستوں سے ملاقات ہو گئ...

Available in your language?

► Check out with our „Language Wizard“:

www.sefa-bilingual.com/languages

Recommended age: 2-3 and up ♥

Lulu can't fall asleep. All her cuddly toys are dreaming already – the shark, the elephant, the little mouse, the dragon, the kangaroo, and the lion cub. Even the bear has trouble keeping his eyes open ... Hey bear, will you take me along into your dream? Thus begins a journey for Lulu that leads her through the dreams of her cuddly toys – and finally to her own most beautiful dream.

Available in your language?

▸ Check out with our „Language Wizard":

www.sefa-bilingual.com/languages

www.sefa-verlag.de

sefa

Special thanks to: Paul Bödeker, Freiburg, Germany

ISBN: 9783739985138

www.sefa-bilingual.com